Hernán López de Yanguas

Farsa de la concordia

Barcelona **2024**
Linkgua-ediciones.com

Créditos

Título original: Farsa de la concordia.

© 2024, Red ediciones S.L.

e-mail: info@linkgua.com

Diseño de cubierta: Michel Mallard.

ISBN rústica: 978-84-9816-559-3.
ISBN ebook: 978-84-9953-146-5.

Sumario

Brevísima presentación

La vida

Hernán Lopez de Yanguas (Soria, c. 1470-1540). España.
Fue maestro y sacerdote. Se le considera el padre literario de los autos sacramentales.

Farsa de la concordia

Farsa nuevamente compuesta por Hernán López de Yanguas, sobre la felice nueva de la concordia e paz e concierto de nuestro felicisimo Emperador semper Augusto e del cristianísimo Rey de Francia

> Farsa llena de alegrías
> por la paz de nuestros días.
> Yanguas

Farsa nuevamente compuesta por Hernán López de Yanguas, sobre la felice nueva de la concordia e paz e concierto de nuestro felicisimo Emperador semper Augusto e del cristianísimo Rey de Francia, en la cual se introducen ocho personas: un Correo, el Tiempo, el Mundo, la Paz, la Justicia, la Guerra, Descanso y Placer.

Dirigida al illustre e muy magnífico señor, el señor don Francisco de la Cueva, mayorazgo e primogénito del illustrisimo señor, el señor don Beltrán de la Cueva, Duque de Alburquerque. Las personas entrarán desta manera: el Correo, como correo, tañendo su corneta, el cual entra en tres partes de la obra, cada vez muy deprisa; el Tiempo y el Mundo, como viejos y en hábitos de pastores, salvo que el Tiempo llevará un instrumento para tañer, cual él quisiere. La Paz entrará muy bien ataviada, como gentil dama, y la Justicia también, salvo que la Paz llevará un ramo verde de oliva en la mano, o de laurel, y la Justicia una vara. La Guerra entrará en hábito de ROMERA, con sus veneras y con su bordón en la mano. Descanso y Placer entrarán como pastores mancebos muy regozijados.

El argumento y summa desta obra no es más de dar descanso a los letores y auditores, diciendo el bien que de la paz al mundo viene y los daños que de la guerra se siguen. Fue tomada la materia del psalmista, de unas palabras que dicen Justitia et pax osculatae sunt, y de un verso de Virgilio que dice Iam redit et Virgo, redeunt saturnia regna. (...)
Va dividida en cinco actos, como en ella pareze. Entra cada copla en el pie quebrado.

Jornada primera

(Correo, Tiempo y Mundo.)

Correo
¿Qué vocina es la que siento?
¿Quién la toca tan deprisa?
¿Si tañen por dicha a misa
o si zurre cualque viento?
Yo no veo
por todo aqueste rodeo
ningún zagal que la taña:
juraré que viene a España
por aquí cualque correo.
No me engaño:
quiero dexar mi rebaño
y la capa no me engorre.
Helo aquí: la posta corre;
gesto trae de buen picaño.
¡Ha, señor!

Correo
No me embaraces, pastor,
solo un punto, por tu vida.

Tiempo
¿De dónde es vuestra venida?

Correo
Donde está el Emperador.

Tiempo
Bien está.
Pues, ¿qué nuevas ay allá?

Correo
Ay peligro en descubrillas,
mas llega, pastor, acá,
quiero a tu oreja decillas.

Tiempo	¡Valme Dios!
	Ya son conformes los dos.
Correo	Guárdame secreto agora,
	y queda, viejo, en buen hora.
Tiempo	En la misma vayais vos.
	Cielo y tierra,
	pues ay paz sin haber guerra,
	se muestren regocijados;
	reverdezcan los collados,
	y los vales y la sierra.
	Las montañas,
	los bosques, breñas estrañas,
	los solanos e sombríos,
	fuentes, arroyos y ríos,
	sientan gozo en sus entrañas;
	los poblados
	vivan de hoy más descansados,
	vaya la guerra a los moros,
	los cristianos corran toros
	con que alivien sus cuydados.
	Ya los muros,
	bien pueden estar seguros,
	adarves y varvacanas,
	y las vegas más tempranas
	llevar los fructos maduros.
	Los pastores
	bien pueden por los alcores
	repastar bien sus ganados,
	no teman ya los soldados
	que les roben los megores.
	Claro veo
	que es cumplido mi deseo,

y que es llegada sazón
de repicar la canción
de Gloria in excelsis Deo.
Por solaz
yo me tornara rapaz,
bailando en esta ladera,
si oviera quien respondiera
con el et in terra pax.
Digo yo,
que desque Dios me crió,
que á más de cinco millares,
no me vi tan sin pesares
como en el punto que estó.
¿Qué haré,
bailaré o no bailaré
con que el placer adelante?
¡Dome a Dios! No sé si cante
que á mucho que no canté.
El cantar
mucho suele contentar,
si las bozes tienen tronco,
mas yo de alegre estoy ronco
pero quiérolo provar.
¡Guárdeos Dios!
ya me ha tomado la tos,
nunca jamás se me quita
yo debo tener pepita
y raspillas más de dos.
Alegría
no aprovecha, yo quería
antes que de aquí pasase
cantaros que Dios guardase
tan chapada compañía.
Bailar quiero

si, ¡juro a diez verdadero!
pues tengo ronca la boz,
y aun saltar de hoz y coz
pues acude tal tempero.
Salamón
sé que dixo en un renglón
que avía tiempo de cantar,
de sembrar y de plantar,
y tiempo de otra sazón.
¡Ha la gala!
¡Huélgome, si Dios me vala!
Maguera que solo estoy,
yo quiero reventar hoy
por tan hermosa zagala.
Ella es ella,
la Paz que nuestro bien sella,
la Paz que nuestro bien quiere,
la Paz que, donde estuviere,
nadie vive con querella.
¡O, gran bien!
¡Mil gracias a Dios, amén!
Que después que Adán nació
nunca otra nueva se oyó
tal para Jerusalem.
Yo me espanto,
cómo Dios á obrado tanto,
aunque es razón que Dios obre,
siquiera porque se cobre
su sepulcro sacrosanto.
De placer
no me harto de tañer.
¡O, quién fuera agora Orfeo,
Amfión, Terpandio o Museo,
para me satisfazer!

¿Quáles gentes,
si el hombre bien para mientes,
por mucho que adevinaran,
pensaran que se hermanaran
dos reyes tan excelentes?

Mundo De sobexo
en sus maneras y rejo
al Tiempo veo en regocijo;
¿«Gloria al Padre, gloria al Hijo»?:
loco se torna el buen viejo.
¿Dónde viene?
Gran placer es el que tiene,
baila y canta todo junto.
Si no es él yo no barrunto,
quién es. Llegarme conviene.
¡Hao! ¿Quién eres
que muestras tantos placeres
a solas por este exido?

Tiempo ¿Cómo, no me has conocido?

Mundo No, si no me lo dixeres.

Tiempo Yo te digo
que soy el Tiempo, tu amigo.

Mundo ¿Cómo vienes tan ufano?

Tiempo Yo lo diré, Mundo, hermano
que huelgo mucho contigo.

Mundo ¡O, vejaz,
más verde vienes que agraz!

Tiempo	Sábete que ya retoço.
Mundo	¿A que fin? ¿Te tornas moço?
Tiempo	Porque ay en la tierra paz.
Mundo	¿En la tierra?
Tiempo	Sí, que nunca verás guerra.
Mundo	Declárame eso mejor.
Tiempo	Porque nuestro Emperador contra turcos la destierra.
Mundo	Dame cuenta.
Tiempo	¡Pardiós! Punto no te mienta que el mentir corrompe el gusto. Sabe que César Agusto se sale con quanto tienta. La Fortuna siempre le es tan oportuna que, porque a César le sobre, huelga de quedarse pobre, y, por le servir, ayuna.
Mundo	Deste crey que dixo no sé en qué ley aquel sabio más que humano que tiene Dios en su mano siempre el coraçón del rey.

Tiempo	Dentro y fuera quiere Dios que el buen rey quiera aquello que más le aplace, lo cual nuestro César hace sin herrar de su carrera.
Mundo	Con sus modos, temen ya los turcos todos, en todo el mundo su nombre.
Tiempo	No ay nación que no se asombre con ver que excede a sus godos. Ya tú, hermano, sabrás cómo, este verano, fiesta de la Magdalena, embarcó, en hora buena, a ver el mundo ytaliano.
Mundo	Bien lo sé, y la flota con que fue a recebir su corona, porque dentro en Barcelona no lexos dél me hallé.
Tiempo	Oye atento, luego le vino tal viento que a las Italias pasó y luego desembarcó en Génova muy contento. Con mil fiestas, con puentes en el mar puestas, los genoveses salieron y al gran César recibieron con invenciones honestas.

Finalmente,
aunque otras cosas no cuente,
luego dieron obediencia
Génova, Pisa y Florencia,
con otra italiana gente.

Mundo   ¿Pues Venecia?

Tiempo   Venecia tanto se precia
porque está en agua asentada
que se mostró rebotada.

Mundo   No á dexado de ser necia.
Aunque Marcos
tenga tesoros y varcos,
y el León las uñas fieras
fuera mejor poner arcos
a César y a sus banderas.

Tiempo   La jatancia
de Peligro, Rey de Francia,
desque vio a César pasado
la flema se le á abaxado,
que en ella no vio ganancia.
Y los dos,
álos conformado Dios,
de tal arte, con sus manos,
que entre tan grandes hermanos
nunca más se verá tos;
porque es fama
que el Rey toma a su madama
Reina de valor sin fin
y casa con su Dolfín
a la hija desta dama.

Mundo	Grandes bienes nos vienen de los rehenes.
Tiempo	A mí pensallo me espanta; también casan nuestra Infanta con el Gran Duque de Urlienes; con lo cual, es hecha una trama tal que ya tiemblan los paganos, y los reinos de cristianos han dado fin a su mal.
Mundo	Si pidieras, antes que me lo dixeras, albricias, quera razón, yo te diera mi jubón, el de mangas domingueras.
Tiempo	Ya ternemos en todos nuestros estremos sin que nadie se destempre justicia e paz para siempre y a Jano no le veremos.
Mundo	¡Sus, andar! Bien sé yo en qué ha de parar este mi gozo e placer, comiença, Tiempo, a tañer, que es razón ya de bailar.
Tiempo	¡Alto Mundo! ¡O, qué son tan perjocundo!

Mundo	¡Soncas, no puede mejor!
Tiempo	¡Favorécete, pastor!
Mundo	¡Viva César sin segundo!
Tiempo	Bien está lo bailado, basta ya.
Mundo	Como tú, Tiempo, quisieres.
Tiempo	Parece que oyo mugeres callemos, llégate acá.

Fin de la primera jornada

Jornada segunda

(Paz, Correo, Justicia.)

Paz	¡Válame Nuestra Señora! ¿Qués esto? No lo adevino. ¿Quién pasa por el camino tañendo corneta agora? Bien es ver quién viene, para saber si a dicha trae cualque nueva, más, según la prisa lleva, podrá ser no responder. ¡Gentilhombre! Perdonad que no os sé el nombre.
Correo	Noble dama, ¿qué pedís?
Paz	Que me digais dó venís, mi pregunta no os asombre.
Correo	Dama, vengo, de Ytalia, camino luengo, en postas, con prisa harta, perdonad que no me tengo, mas de daros é esta carta, en la cual, vereis la firma imperial, vuestro nombre en sobreescrito, leelda poco a poquito, y Dios os guarde de mal.
Paz	Entre mí la quiero leer aquí,

Dios vaya siempre contigo.
César habla aquí comigo.
¡En dichosa hora nací!
¡Grandes cosas,
nunca vistas, milagrosas,
vienen en este papel!
¡Muchas gracias doy a aquel
que me quita las esposas!
Mi placer
comience ya a florecer;
grane, grane mi alegría.
¡O, bendito sea aquel día
que César pudo nacer!
¡Quán bien fuera
que cien mil lenguas tuviera,
cada cual con su garganta,
con facundia tal y tanta
que a Marco Tulio excediera!
Mas la Fama,
que siempre lenguas derrama,
terná por bien de suplir
lo que yo no sé decir
de tam bien hilada trama.
Ya mis males,
mis destierros desiguales
del todo son fenescidos
e los brutos animales
no verán más mis gemidos;
que, en verdad,
desque faltó Quaridad
para mí, entre las más gentes,
entre las fieras serpientes
vi mayor conformidad.
Los leones

de feroces coraçones
de sí no me desecharon
y los tigres se alegraron,
basiliscos y escorpiones.
Esto digo,
porque me dieron abrigo
sierpes de diversos nombres
e solos, solos los hombres,
mostraban odio comigo.
Y la Guerra,
tinié tomada la tierra
con sus armas y tras tras,
pero yo pienso de hoy más
de tratalla como a perra.
Su gran fuego
al mundo trayé tan ciego
si César no socorriera
que mi nombre se perdiera
y no hallara sosiego;
pero agora,
hállome tan gran señora,
con esta carta que trayo,
quien señor se halla el Mayo
quando al mundo pinta e dora.
Ya bien puedo
lançar de mi lado el miedo
con tan cierta relación
pues me sacó de prisión
el gran César con su dedo.
¿Quién podría
explicar el alegría
con que yo torno a este mundo,
pues la Guerra va al profundo
y la tierra e mar es mía?

Tanto bien
le dé Dios, amén, amén,
pues su mano tanto abarca
que sea absoluto monarca
sin haber jamás desdén.
Si topase
con quien mi bien relatase
mucho más descansaría...
Quiérome yr por esta vía,
si a dicha alguno encontrase...
Gran codicia
tengo que ver a Justicia,
que á mucho que no la vi...
Parece que viene allí,
o mi vista se desquicia.
¿A dó va?
No pienso que viene acá,
va del camino me á poco.
Quiero descansar un poco,
si es ella, no tardará.

Justicia   ¿Qué es aquesto?
Algún gran milagro es esto.
¿Qué corneta es la que suena?
¿Si es alguna nueva buena?
Quiero ver quién pasa, presto.
Por Dios, creo
que a mí viene este correo,
quiero salille al atajo.

Correo   Quitado me has de trabajo,
Justicia, pues que te veo.

Justicia   ¿Qué me dices?

Correo	Nuevas, nuevas muy felices,
	que la Paz es libertada
	y la Guerra es desterrada,
	no preguntes más ni atices.
Justicia	Nuevas buenas,
	te dé Dios de glorias llenas
	y te libre de malicia.
Correo	Dios quede con ti, Justicia.
Justicia	Él te dé buenas estrenas.
	La Paz veo,
	ya se cumple mi deseo.
	Quiero hablar desde agora.
	¡Dios te salve, Paz, señora,
	por cuya vista rodeo!
Paz	¡O, bien vengas,
	para que al mundo sostengas,
	Justicia, acá, con tu vara!
Justicia	Huelgo, Paz, con ver tu cara
	y oliva, con faldas luengas.
Paz	¿Cómo estás?
Justicia	En mi rostro lo verás,
	alegre y más que contenta.
Paz	La margarita es inventa.
Justicia	Eso por ti lo dirás.

Un Correo,
que llaman «Espera in Deo»,
me dixo, en pocas razones,
que eras libre de prisiones.

Paz

Ya mi libertad poseo.
Sea loado
quien al mundo me á tornado,
que ya me cubre tiricia;
y el que a ti, hermana Justicia,
la vara te ha confirmado.

Justicia

Muy ufana
me hallo con tal, hermana,
mas escucha un poco agora:
¿quién será aquella que llora
por aquella trasmontana?

Paz

Gran mal trae,
a cada paso se cae;
trage muestra de Romera.

Justicia

Oyamos ora, siquiera,
qué dice, o dó se retrae.

Romera

¡O, cuydado,
jamás visto ni pensado!
¿Dónde tan presto has venido?
¿Qués esto? ¿Por dó he subido
en tan fragoso collado?
Todo es peñas
xarales, montes y breñas.
¿Qués de mis ciudades ricas?
¡O, benditas paxaricas,

que estais por aquí estremeñas!
Escuchad,
siquiera por caridad,
mis congoxas y querellas;
puesto que no os dolais dellas
ni de mi gran soledad.
¡No os me vays!
Parece que rebolais,
¡no os espante mi presencia!
¡Tened un poco paciencia,
después, íos a do mandais!
Escarmiente
quien presume de prudente;
nadie diga «bien me estoy».
Sepan, sepan todos hoy,
que Fortuna a todos miente.
Quán pujante,
me é visto, mil años ante:
Guerra, de todos temida;
agora, véome caída,
y no veo quién me levante.
Ya del cielo
no espero ningún consuelo
que siempre fue mi enemigo;
la tierra está mal comigo,
el mar no me tiene duelo.
¡Rocas duras,
sierpes de estas espesuras,
condoleos ya de mi mal!
¡No haya bestia ni animal
que no sienta mis tristuras!
¿Qué harán
quantos comían mi pan,
quera gran parte de buenos?

Sin duda me echarán menos
e de hambre morirán.
Capitanes,
gentiles hombres, galanes,
con otros bisoños fieros:
andando yo en los oteros
¿quién suplirá sus afanes?
Otro mal
ay tras este desigual:
es que se verá muy tarde
quién es valiente o cobarde,
sin la guerra o su metal.
Quando el Papa
se solía vestir mi capa,
el cual es vuelto en paloma,
algo mandaba yo en Roma,
vestida toda de chapa.
Si quería,
en dos credos revolvía
franceses con ytalianos,
alemanes, castellanos,
hasta turcos con Ungría.
Mas, mi hado,
de tal suerte se á mudado
en casos rezios, atroces,
que temo morir a coces
si la Paz lo á varruntado.
Por manera
que el mal que mi mal espera
en el presente comedio
no á hallado otro remedio
sino tornarme romera.

Paz   ¡Gran traydora!

Ésta es la Guerra que llora.
¡Quál viene disimulada!

Justicia   Mi fe, no aprovecha nada,
quiérola prender agora.

Romera   ¡Ay de mí!
Desde el punto en que nací
nunca me vi tan desierta.
¿Qué haré? Doyme por muerta,
la Justicia viene aquí.

Fin de la segunda jornada

Jornada tercera

(Justicia, [la Romera que es la] Guerra, Paz, Tiempo, Mundo. Entra Justicia.)

Justicia
No os escondais. ¿Qué parlais?

Romera
Señora, no digo nada.

Justicia
Sed presa desta vegada.

Romera
¿Por qué presa me llevais?

Justicia
Mi prisión
será por la Inquisición.

Romera
Yo no cometo heregías.

Justicia
No cureis desas porfías,
que no os prendo a sinrazón,
¡embaydora!

Romera
No lo soy, por Dios, señora,
ni en mi trage ay tal manera;
soy una pobre romera,
que por sus pecados llora.

Justicia
Satanás
nunca jamás daña más,
quando huye de la cruz,
que quando es ángel de luz
o en el hábito que vas.

Romera
Tus razones
sospechan de mí trayciones,

según por ellas me tratas:
pues sabed que las beatas
ansí van las estaciones.

Justicia   Vos soys tal,
que Alecto, furia infernal,
más en dañar no se esmera,
ni Tesifona y Megera
nunca atraman tanto mal.
Por vellaca,
os quiero atar a un estaca.

Romera   ¿A mí, señora? ¿Por qué?

Justicia   Llegaos, que yo os lo diré.

Romera   ¡No me apreteis, que estó flaca!

Justicia   No penseis,
que con esto pagareis.

Romera   ¿Dó están mis hijos y hermanos?

Justicia   Dad acá esos pies y manos,
que después los llamareis.
Si yo os ato,
y desta manera os trato,
vos lo teneis merecido.

Romera   ¿Qué males he cometido?

Justicia   Yo os lo diré en poco rato.
Antemano,
ofendeis al Soberano,

porque echais su Paz del mundo,
y, con esto, lo segundo:
haceis lo sacro prophano.
He notado
que el que va mejor librado
de vuestra hueste o pendón,
es el que es mayor ladrón,
o más hombres á matado.
Por tres blancas
haces mil personas mancas,
otros haces mil pedaços,
otros sin manos o braços,
otros coxos con sus trancas.
Vos quemais
las mieses donde llegais,
con un poder disoluto,
e los árboles con fruto,
por los troncos los cortais.
Las doncellas,
haceis gran vileza en ellas,
no menos en las casadas;
¿qué diré de las posadas,
como echais el huesped dellas?
Sus capones,
sus gallinas y ansarones,
sus mantecas y tocinos,
pan y vino, e palominos,
todo lo gozan ladrones.
Los sudores
de los tristes labradores,
sus terneras, sus ganados,
todo lo days a soldados,
e aun otras cosas mejores.
Sus oficios

	dexan por andarse en vicios,
	vos los volveis haraganes,
	vos sois madre de rufianes
	e fuente de los bullicios.
Romera	Pues, señora,
	yo sé que soy pecadora,
	mas algún bien me dio Dios.
Justicia	Ese bien decildo vos.
Romera	Pues dexadme un poco agora.
Justicia	Que me place.
Romera	Lo que a mí más satisfaze
	es, mientra digo e prosigo,
	que os ayais muy bien comigo,
	que de miedo no me enlace.
Justicia	¡Sus, decid!
Romera	¿Quién conociera a David
	ni los fuertes filisteos,
	ni los cinco Macabeos,
	si jamás no oviera lid?
	Muchos son
	que siguiendo mi pendón
	sus nombres esclarescieron,
	de los cuales sé que fueron
	Josué, Moysén y Sansón.
	Los romanos,
	arrimando a mí sus manos,
	adelantaron su imperio,

Camillo Graco y Tiberio
e Cipiones africanos,
un Marcelo,
Sulpicio Bruto, Metelo,
Emilio Curcio e Fabricio,
Horacio Cocle e Domicio,
con otros que no revelo.
Mi intención
no es hablar en Macedón,
ni en Césares, ni Pompeos,
ni en Héctor, ni en Tolomeos,
mas vengo a vuestra nación.

Justicia   Dezid pues.

Romera   ¿Quién esclareció a Cortés,
puesto quasi en otro mundo?
Vos direis lo que yo fundo,
ques a mi causa marqués.
¿Quién no atina
que a mi causa aquél de Urbina
fue puesto en estimación,
y el de Leyva y de Alarcón,
hombres de memoria dina?
Otros callo,
por el tiempo en que me hallo,
dignos de eterna memoria,
que, por no alargar la hystoria,
es muy mejor abreviallo.
Pues si doy
a vivos fama do estoy,
y a muertos hago alabarlos,
¿por qué me destierra Carlos
a los garamantas hoy?

Si es su fin
cubrir las armas de orín
que de no tratallas mana,
poco en esto César gana,
en romance ni en latín.
Pues, la Paz,
su fin es de dar solaz,
e gastar la vida en fiestas:
no son condiciones éstas
que hacen gente sagaz.
Yo, a lo menos,
muchos ruynes hago buenos,
y tres mil baxos levanto:
quando la Paz haga tanto
quiebren mis tiros e truenos.

Justicia   ¡O, malvada!
¿De la Paz, tan alabada
de Dios, por su misma boca,
osas hablar como loca?
¡Perdida, más que treguada!
¡Toma, toma,
no derrames más carcoma!

Romera   ¡Ay, Justicia, que me has muerto!

Justicia   ¿No sabes quán sin concierto
diste sacomano a Roma?
Mal miraste
los templos que despojaste
en sacrosantos lugares:
custodias, cruces y altares,
y aun los cálices robaste.
Mal mirabas

las damas que deshonrabas,
toda Roma dando gritos,
tú, cevada en tus delictos,
los sacros prestes jugabas.
¡O, maligna
de toda piedad indigna!
¡Puerta de todos los males!
Yo haré que no te iguales
con la Paz, santa y venigna.
¿Tú no sabes
aunque tus cosas alabes
quién es la Paz y sus mañas,
sus condiciones y entrañas,
que las cantan ya las aves?
En el cielo
no tienen mayor consuelo,
después de Dios, ni solaz,
que estar los santos en paz.
¿Qué harán pues los del suelo?
Porfiaría
que el reino infernal sería
perdido todo en tropel
si, entre los ministros dél,
hubiese guerra algún día.
Da muy tutos
la tierra todos sus frutos,
todos viven en convén,
el mar se navega bien,
no hay piratas disolutos.
Mil placeres
gozan hombres y mujeres,
las cosas sacras no cesan,
van seguros, y atraviesan
a las ferias mercaderes.

Lo que ganan
lo que sudan, lo que afanan,
gózanlo padres y hijos;
en las ventas y cortijos,
sin recelo se rellanan.
El más alto
no recela sobresalto,
los baxos viven seguros,
los surcos tienen por muros,
especial si yo no falto.
Destos bienes
ningunos, Guerra, tú tienes,
salvo disipar ciudades
e tratar civilidades;
nunca la verdad mantienes.
Pues, maldita,
sin que más de ti repita,
gran merced hoy Dios te hace,
si lo bueno te desplace,
con que la vida te quita.

Paz	¡Muera, muera tan cautelosa romera!
Romera	¡Ay, señora, que estó atada!
Paz	¡No se me da deso nada, doña cevil, hechicera!
Romera	¡Gran dolor! ¿No ay por aquí algún pastor a quien moviesen mis voces?
Tiempo	Anda allá, Mundo, que goces,

vamos a dalle favor.

Mundo   A mi ver
               la voz tiene de mujer.

Romera   ¡Ay, me que matan de veras!

Tiempo   ¿Si la comen bestias fieras?

Mundo   Asmo que eso debe ser.

               Fin de la tercera jornada

Jornada cuarta

(Tiempo, Mundo, Paz, [la Romera que es la] Guerra, Justicia, Descanso, Placer.)

Tiempo

Acá estais ambas a dos,
nuestro mal se desperdicia.

Mundo

¿Quienes son?

Tiempo

        Paz y Justicia.

Mundo

¡Gran consuelo para nós!
¡O, doncellas,
honestas, santas e bellas,
esteis mucho de en buen hora!

Tiempo

¿Quién es esa pecadora
que publica sus querellas?

Justicia

Tiempo e Mundo,
vengais en paso jocundo
por esta florida sierra:
esta romera es la Guerra,
puerta del ciego profundo.

Mundo

No me agrada.
¿Por qué la teneis atada?

Paz

Porque acabe sus engaños.

Mundo

Juro a mí, que estotros años
que estaba más engallada.

Tiempo	¡Quán humilde se está, sin faltalle tilde! Como raposa se inclina.
Mundo	¡A, traydora, me declina!
Justicia	¡Dalde, dalde, sacudilde!
Paz	¡Dale, hermana!
Justicia	Plázeme, de buena gana.
Paz	¡Tú, Mundo, en los pestorejos!
Romera	Éstos deven ser los viejos que acusaron a Susanna.
Mundo	Cata, cata; ¿atada de pies y pata usais de vuestra malicia?
Romera	Y aun diré mal de Justicia, si desta suerte me trata.
Justicia	¿Cómo ansí? ¿qué podeis decir de mí, puesto que os dexe parlar?
Romera	Pues dexadme resollar.
Justicia	Soy contenta desde aquí.
Romera	Bien sabeis, Justicia, no os enojeis,

que os hizo Dios de metal,
que torneis el bien y el mal,
y lo ajeno no tomeis.

Justicia   Bien lo sé.

Romera   Pues oíd lo que diré,
no me mostreis mala cara:
¡cómo retorceis la vara!

Justicia   ¡Vos mentís, nunca tal fue!

Romera   Yo lo pruevo,
si das licencia de nuevo.

Justicia   Yo la doy, mira qué dices.

Romera   Digo que un par de perdices
la trastornan y aun un huevo.
Los capones,
las gallinas y ansarones,
y también garcisobaco,
como tiene el palo flaco,
hácenle hacer cedivones.
Los muy ricos,
aunque sean hombres inicos,
hacen de buen pleito malo,
y no castiga ese palo
sino los más pobrecicos.
Los derechos
que llevas e los cohechos,
las mantequillas e truchas
y los dineros que ahuchas
no son públicos provechos.

El variarte
mil veces a cada parte,
haciendo alegres e mustios
con diez pares de salustios,
no probarás ques buena arte.
Puesta en trona,
con auctoridad catona,
la cual a muchos ofusca,
pelas al que más te busca,
como prudente ladrona.

Justicia

Algo deso,
yo, Guerra, te lo confieso,
que acontece en mis ministros,
pero nunca en mis registros
se vio herrado proceso.
Mis jüeces,
hombres son, pecan a veces,
pero de mí tal no digas.

Romera

Pues, ¿por qué no los castigas
como a los pobres soeces?

Justicia

Eso quede
para Quien todo lo puede,
e lo alcança e sabe todo.

Paz

A ti porné yo del lodo,
que no habrá quien me lo viede.

Tiempo

Dime, Paz,
¿quies que le pegue un palaz?

Paz

Paso, paso, no la mates,

	mejor es que la desates.

Justicia

No hablas como sagaz.
Si se suelta,
podrá ser que dé tal vuelta
según sus artes e mañas,
que Italias, Francias y Españas
todo lo ponga en revuelta

Romera

No ayais miedo.

Tiempo

Pues juraldo y alçá el dedo.

Romera

Yo lo juro de lo hacer;
el dedo no puede ser
porque está atado y no puedo.

Justicia

Alto pues,
soltalde manos y pies.

Mundo

¡Vete ya, que suelta estás!

Romera

Yo me voy a do jamás,
os veré ni me verés.

Tiempo

Destas santas
y de sus mantos e mantas
e su bordón e veneras
Dios me libre muy de veras.

Mundo

Allá yrá, a los garamantas.

Romera

¿Por dó yré?
Triste de mí, ¿qué haré?,

maltratada y abatida,
de todo el mundo expelida,
sin haber hecho porqué.
Tal me veo,
que a mí misma me deseo.
¿Hay algún pastor aquí?

Placer   Descanso, ¿quién viene allí?

Romera   Yo, que mis males llanteo.

Descanso   ¡Hao! ¿Qué has?
                           ¿Dó vienes? ¿A dónde vas?

Romera   Soy la sin ventura Guerra.

Placer   ¿Cómo, te vas de la tierra?

Romera   No me dexan estar más.

Descanso   ¿Quiénes son
                           los que te echan del mesón?

Romera   No, por cierto, mi malicia;
                           el Tiempo, Paz y Justicia
                           y el Mundo, contra razón.

Placer   ¿Dó los dexas?
                           Dínoslo, pues que te alexas.

Romera   A? quedan, en un pradal.

Descanso   Plázenos de ver tu mal.

Romera	¿A quién contaré mis quexas?
Placer	¡Espera, espera! ¿Cómo vas hecha romera?
Romera	Á poco que estuve en Roma.
Descanso	¡O, ladrona! ¡Toma, toma!
Placer	¿Huys, doña bordonera?
Descanso	¡Grida, grida! Ya la Guerra es despedida para nunca más volver, ¡Huelga Placer, a placer! ¡Gocemos de hoy más la vida! Que á mil años que pastores y rebaños andamos cabezcaídos.
Placer	Ya son los tiempos venidos que dan fin a nuestros daños.
Descanso	Ora andemos, quiçá la Paz toparemos por estos verdes collados.
Tiempo	Dos zagales repicados siento venir. ¡Escuchemos!

Fin de la cuarta jornada

Jornada quinta

(Descanso, Paz, Placer, Justicia, Tiempo y Mundo.)

Descanso   Dios os guarde, Dios os guarde,
         todos quatro de remanso.

Paz   Dios te dé salud, Descanso,
         y a Placer muy buena tarde.

Placer   ¿Quién pensara,
         jamás, Paz, de ver tu cara,
         que a todos nos beneficia?
         ¿Quién pensara, di, Justicia,
         ver tan derecha tu vara?

Justicia   De verdad,
         obras de su Magestad
         son éstas, después de Dios.

Paz   Mas, ¿quién os dixo a los dos
         nuevas desta libertad?

Descanso   En las villas
         hacián grandes maravillas
         todos, por amor de ti;
         yo en Burgos lo traso?,
         yendo a vender mantequillas.

Paz   Esto, hermano,
         hace el gran César romano,
         muy más felice que Agusto,
         que a su favor e a su gusto
         todo le viene a la mano.

Descanso	Ten por cierto, que en poblado ni en desierto, no quede palmo de tierra que contigo y con la Guerra no se dé a humo muerto.
Justicia	Tus razones, según, Descanso, dispones, me dan de claro a entender que en España hemos de ver gentes de todas naciones.
Placer	A manojos pienso ver, con sendos ojos, los arimaspos venir, los cuales suelen reñir con grifos, y haber enojos.
Descanso	Digo más, que con tus ojos verás los terribles antrofagos, que acá nos hacen halagos vueltos los pies cara atrás.
Placer	Más veremos, andar por nuestros estremos los que llaman ofigenes, que, en tocando, dan mil bienes quando ponçoña bebemos.
Descanso	Muy continos andarán los androginos, sin vergüença y sin empacho;

cada cual es hembra y macho,
e van por ambos caminos.

Placer   Con sosiego
los hyrpios veremos luego,
que entre los otros se estreman,
los cuales nunca se queman,
descalços por cima el fuego.

Descanso   Verás ledos,
muy sosegados y quedos,
los milones, cómo vienen,
los cuales, verás que tienen,
en cada pie ocho dedos.

Placer   Sin conquistas,
vernán los ginosofistas,
de los cuales, te repito,
que miran el Sol de hito,
sin agravio de sus vistas.

Paz   Cosas pocas
se han visto, de las que tocas.

Descanso   Pues verás otros matices:
los ciritas, sin narices,
los astonomos, sin bocas.

Placer   En bolandas
vernán acá coromandas,
gloria les será el destierro,
e con sus dientes de perro
mascarán nuestras viandas.

Descanso	Sin recelos tu verás los monocelos, que vienen a sendos pies, y los sátiros después, que vuelan sin tener vuelos.
Placer	Tus deseos han de ver otros más feos, pasearse, por nuestras rúas, caballeros, los pigmeos, en cabrones contra grúas.
Justicia	¡O, qué edad, qué tiempo de caridad es llegado a nuestra España!
Tiempo	Cada cual, en su cabaña, terná gran seguridad.
Mundo	Ya es tornada otra vez la edad dorada, Saturno ya resucita la plata y cobre se quita, la de hierro es acabada.
Descanso	Los pertrechos, daldos todos por desechos, los trabucos e lombardas, e las picas e alabardas, e las casas e los techos.
Placer	Los zagales ternán tales temporales que desnudos se andarán,

y la tierra dará pan
sin arar los andurriales.

Descanso   Arboledas,
                  habrá por todas veredas,
                  siempre estará el mundo ufano,
                  contino será verano,
                  nadie querrá las monedas.

Placer   La verdad,
                  la virtud, la castidad,
                  que andaban quasi perdidas,
                  todas andarán floridas,
                  cobrada su auctoridad.

Descanso   La luxuria,
                  la soberbia con la furia,
                  las cautelas e traiciones,
                  e los saltos de ladrones
                  ya no nos harán injuria.

Placer   Nuestros hatos,
                  cabras, ovejas, chivatos,
                  no habrán miedo a lovatones,
                  ni las vacas a leones,
                  ni los mures a los gatos.

Descanso   Las espadas,
                  todas serán olvidadas,
                  carcomidas del orín;
                  todas las armas, en fin,
                  serán en hozes tornadas.

Placer   Provechosa

eres, Paz, a toda cosa.

Paz

Tú verás andar, hermano,
con los pollos el milano,
con el gallo la raposa.

Descanso

Y aún verán
tener paz el gavilán
con los tordos y pardales,
e las águilas caudales
las perdices amarán.

Placer

A manadas
las liebres acovardadas
andarán entre los galgos,
todos seremos hidalgos,
las alcávalas dexadas.

Descanso

Los venados,
andarán muy hermanados,
con los canes más ventores,
y las palomas y açores
conformes, por los collados.

Placer

Y aún saldrán
las lechuzas donde están
sin temor a mediodía,
e las garças tomarán
halcones en compañía.

Tiempo

Razón sobra
pues la Paz hace tal obra
que todos nos gasagemos.

Mundo	Bien has dicho. ¡Sus, bailemos, que tal tiempo no se cobra!
Tiempo	Ora pues, de quatro bailemos los tres. Tú, Mundo, haznos el son.
Mundo	Ponéos todos en jubón y sacudid bien los pies. ¡Sus, que taño!
Descanso	¡Par Dios, ques son de picaño!
Placer	¡Bailemos a la barrisca!
Tiempo	No nos tañas la morisca, sino el villano de antaño.
Mundo	Soy contento, andad todos con buen tiento.
Tiempo	Apártate allá, rapaz: ¡Ha la gala de la Paz, que con su vista me aliento!
Placer	Ande más, y no mudes el compás, que el son mismo da codicia. ¡La gala de la Justicia!
Mundo	¡Buena çapoteta das! Yo he gozado de las vueltas que aveis dado; táñeme tú, Tiempo, un poco,

y verás cómo las floco:
hazme un son muy repicado.

Tiempo

¡Alto Mundo!

Mundo

¡Juro a mí, que ya le tundo!

Descanso

Dale a tu vayle favor.

Mundo

¡Viva nuestro Emperador,
pues que no tiene segundo!

Descanso

¡Más, más, más!

Tiempo

¿Cómo, por bailar estás?

Descanso

Si estoy, bien será que hipe,
¡viva el Príncipe Philippe!

Placer

¡Juro al Mundo, bueno vas!

Mundo

Paz, señora,
bailad vos un poco agora,
por libertad tan feliz.

Paz

¡Guarde Dios la Emperatriz,
que a su César tanto adora!

Placer

Entre cien,
ninguna baila tan bien.

Justicia

Muy gentil gracia le da.

Tiempo

Salid, vos, Justicia, acá.

Justicia	Que me place sin desdén.
Descanso	¡Qué placer es de vella revolver!
Mundo	Juro a diez, que a mí me espanta.
Justicia	¡Viva mil años la Infanta con lo que está por nacer!
Tiempo	Bien está, muy noche se hace ya, que hemos estado mil horas.
Placer	Pues digan estas señoras qué mandan, y hansí será.
Paz	Que os vistais y con nosotras os vais, pues que soys de nuestro vando.
Descanso	Alto pues, vamos cantando.
Justicia	Hágase como mandais.
Paz	Pues, pastores, decid los dos los tenores, las dos diremos el alto, otros dos contras mayores.
Mundo	¡Alto, nadie quede falto! Villancico

De allá vienen bienes
do está nuestro bien.
En nuestros estremos
tal César tenemos,
que por él veremos
a Jerusalem.
Él quita los daños
de nuestros rebaños,
pues ¡viva los años
de Matusalén!

Fin

Dedicatoria

Roguemos hoy día,
pues paz nos imbía,
que mucha alegría
le dé Dios. Amén.

Yanguas Dedicación desta obra al illustre y muy magnífico señor, el señor don Francisco de la Cueva, en la cual dice el autor quánto le deve por las mercedes que dél recibe.

Del pelícano se cuenta
ser un ave en los desiertos
que a sí misma se ensangrienta
por no ver sus hijos muertos.
Ítem, por dalles cevico,
se pone en tan gran estrecho,
que se saca, con su pico,
sangre viva de su pecho.
Y, dado que aquesto haga,
con tormentos tan esquivos,

al fin, él mismo se paga,
con tornar sus hijos vivos.
    Mas, si vos a vos quitais,
del pecho lo que comeis
y a vuestro Yanguas lo days,
gran ventaja le haceis.
    El cisne siempre fue blanco,
no puede dexar de sello,
el gallo contino es franco,
nadie tiene duda dello.
    Pues así se me figura
que es blanca vuestra nobleza,
y faltaros la franqueza
ya sería contra natura.
    Suele el águila soltar
la presa, quando es pequeña,
y también dar, la cigüeña,
a los suyos ruin manjar.
    Mas vos, ilustre señor,
la presa mayor soltais,
y el manjar que a vos quitais,
es lo más dulce y mejor.
    El hidalgo gavilán,
quando prende el paxarico,
a vezes sufre el afán
sin cevar en él su pico.
    Y, por sus obras süaves,
manda la ley y el derecho
que franquee las otras aves
y por él no paguen pecho.
    Son en vos estos esmaltes
tan provados y tan ciertos,
que a sacres e girifaltes
les podeis franquear los puertos.

Yo, un cernícalo torçuelo,
con ver cuál os hizo Dios
no he hallado otro consuelo
para mi bien sino a vos.
    Pluguiera a Dios que yo fuera
otro fénix en la vida,
para que yo os la ofreciera,
y fuera bien ofrecida.
    Mas ofrézcos, gran señor,
mi farsa, que tenga escudo,
pues soys tal, y tan deüdo
de aquel gran Emperador.
    Porque si se sella en ella
vuestro illustre nombre y claro,
ella terná tal manparo
que ninguno ose mordella.

Fin

Libros a la carta

A la carta es un servicio especializado para
empresas,
librerías,
bibliotecas,
editoriales
y centros de enseñanza;
y permite confeccionar libros que, por su formato y concepción, sirven a los propósitos más específicos de estas instituciones.

Las empresas nos encargan ediciones personalizadas para marketing editorial o para regalos institucionales. Y los interesados solicitan, a título personal, ediciones antiguas, o no disponibles en el mercado; y las acompañan con notas y comentarios críticos.

Las ediciones tienen como apoyo un libro de estilo con todo tipo de referencias sobre los criterios de tratamiento tipográfico aplicados a nuestros libros que puede ser consultado en Linkgua-ediciones.com .

Linkgua edita por encargo diferentes versiones de una misma obra con distintos tratamientos ortotipográficos (actualizaciones de carácter divulgativo de un clásico, o versiones estrictamente fieles a la edición original de referencia). Este servicio de ediciones a la carta le permitirá, si usted se dedica a la enseñanza, tener una forma de hacer pública su interpretación de un texto y, sobre una versión digitalizada «base», usted podrá introducir interpretaciones del texto fuente. Es un tópico que los profesores denuncien en clase los desmanes de una edición, o vayan comentando errores de interpretación de un texto y esta es una solución útil a esa necesidad del mundo académico.

Asimismo publicamos de manera sistemática, en un mismo catálogo, tesis doctorales y actas de congresos académicos, que son distribuidas a través de nuestra Web.

El servicio de «libros a la carta» funciona de dos formas.

1. Tenemos un fondo de libros digitalizados que usted puede personalizar en tiradas de al menos cinco ejemplares. Estas personalizaciones pueden ser de todo tipo: añadir notas de clase para uso de un grupo de estudiantes, introducir logos corporativos para uso con fines de marketing empresarial, etc. etc.

2. Buscamos libros descatalogados de otras editoriales y los reeditamos en tiradas cortas a petición de un cliente.

www.ingramcontent.com/pod-product-compliance
Lightning Source LLC
Chambersburg PA
CBHW021145020426
42331CB00005B/900